TENDANCES

INDUSTRIELLES ET COMMERCIALES

DE

QUELQUES ÉTATS DE L'EUROPE.

PAR THÉODORE FIX.

EXTRAIT DU JOURNAL DES ÉCONOMISTES, N° DE JUILLET 1845

II.

PARIS.
Au bureau du Journal des Économistes,
CHEZ GUILLAUMIN, ÉDITEUR,
RUE RICHELIEU, 14

1845

Imprimerie de Beaulé et Tandin, rue Lemercier, 24, Batignolles.

TENDANCES
INDUSTRIELLES ET COMMERCIALES
DE
QUELQUES ÉTATS DE L'EUROPE.

Dans les appréciations du mouvement industriel et commercial d'un pays, on est constamment aux prises avec les faits et les chiffres, avec des détails géographiques et statistiques. Tout est aride dans de semblables travaux, et, quoi qu'on fasse, la lecture en est constamment entravée par des noms propres et des données numériques. En se bornant aux descriptions générales et en négligeant les propositions secondaires, on ne ferait point connaître d'une manière exacte les faits qui offrent de l'intérêt aux hommes pratiques ; et, en sacrifiant ces détails à la forme, à une lecture plus facile, on risquerait de perdre souvent les traces du sujet et les moyens les plus essentiels de la démonstration. Il faut donc aborder résolument, et, si c'est possible, la carte sous les yeux, les chiffres qui expriment le mouvement de la production et des échanges, et qui sont en quelque sorte le résumé de l'activité humaine. Sans accorder une confiance trop exclusive à la statistique, qui, il faut le dire, est devenue un instrument à toutes mains, une arme à deux tranchants, nous devons cependant lui emprunter les faits et les données, après les avoir soumis à une critique sévère. Car c'est là que résident en définitive les notions qui nous permettent de juger et de conclure. C'est la marche que nous avons suivie dans la première partie de notre travail ; nous ne nous en écarterons pas dans nos recherches ultérieures, c'est-à-dire dans l'appréciation des tendances industrielles et commerciales de l'Autriche et de la Russie.

L'Autriche suit dans le développement de sa production un mouvement calme et mesuré. Il n'y a pas dans ce pays de ces phénomènes industriels qui surprennent les populations et les conduisent quel-

3

quefois au progrès à travers les ruines ; on n'y voit pas ces transfor-
mations brusques et rapides dont la France et l'Angleterre nous offrent
de si nombreux exemples depuis un demi-siècle. Le gouvernement
autrichien est partout, il surveille tout, et il comprime soigneusement
tous les écarts de l'imagination, quel que soit leur caractère. Les progrès qu'il favorise sont ceux qui se rattachent à la civilisation industrielle ; sa tâche suprême consiste à veiller au bien-être matériel des
populations, et il n'estime les sciences et les arts qu'autant qu'ils fa-
vorisent ces tendances. Mais il n'est pas facile de scinder les progrès ;
il n'est pas facile de concentrer toutes les facultés de l'homme sur des
travaux purement techniques. L'industrie a recours aussi au domaine
des idées, et l'on ne peut pas rompre le lien qui l'unit au monde in-
tellectuel. L'industrie conduit à la richesse, et la richesse amène la
civilisation, c'est-à-dire le développement de toutes les facultés de
l'homme. Elle réveille chez lui, avec le sentiment du bien-être, celui
de la liberté ; son imagination et sa raison sont affectées au même degré, et il n'est plus possible dès lors de développer une seule de ses
facultés aux dépens de toutes les autres.

Ce n'est pas à dire que la culture intellectuelle soit négligée en Autriche ; à certains égards elle est même plus répandue qu'ailleurs ;
mais elle est retenue dans un cercle rudimentaire. On n'y protége pas
assez la diffusion des connaissances qui développent le sens philosophi-
que et esthétique du peuple. Nul doute que, si la satisfaction des besoins physiques, si le calme qui résulte de la suspension de certaines
facultés, si l'existence qui a quelques-uns des caractères de la vie
primitive, constituent le bonheur, les populations des États héréditaires de l'Autriche sont dans d'excellentes conditions. Mais la destinée
de l'homme, ainsi comprise, laisse en friche ses plus belles facultés :
les grandes et nobles pensées, qui le placent dans une sphère supérieure, se perdent et s'éteignent pour un temps au moins, et alors
l'esprit, pour rentrer dans ses droits, se livre quelquefois à des mou-
vements brusques et violents. Cet empire est, il est vrai, placé dans des
conditions particulières. La dissemblance de ses populations et les pré-
cédents historiques nécessitent des ménagements, et ses tendances vers
le bien-être matériel peuvent se justifier jusqu'à un certain point.

La monarchie autrichienne est composée d'éléments très-divers. Il
y a parmi les peuples qui la composent des différences marquées dans
le langage, dans les mœurs, dans la culture, dans les traditions et même
dans l'ordre politique. La Hongrie et la Bohême ont des institutions
particulières ; les États héréditaires sont gouvernés autrement que la
Lombardie. Les mêmes différences se remarquent dans la Galicie,
dans le Tyrol, en Silésie, en Moravie et sur la frontière militaire. On
comprend dès lors combien l'application de mesures uniformes est dif-
ficile, et combien il faut de prudence pour maintenir l'équilibre
et l'ordre dans une agglomération composée d'éléments si variés.

La production agricole l'emporte en Autriche sur la production industrielle ; cependant les manufactures et le commerce se sont développés depuis une vingtaine d'années d'une manière d'autant plus satisfaisante qu'ils n'ont point subi de crises violentes et de ces temps d'arrêt si funestes aux travailleurs. Jusqu'à présent les manufactures ne se sont guère étendues au delà de quatre circonscriptions principales : Vienne fabrique des articles de luxe ; Milan, Venise et quelques autres villes du royaume lombardo-vénitien fournissent des étoffes de soie ; la Moravie, la Silésie et la Bohême ont de nombreuses manufactures de draps, de toiles de lin, de chanvre, des verreries et quelques fabriques de pâtes céramiques ; enfin la Styrie et la Carinthie surpassent les autres provinces de l'empire dans l'industrie métallurgique : c'est là qu'on fabrique des fers et des aciers de qualité supérieure. La Bohême est, de toutes les provinces de l'empire, la plus industrieuse, et celle qui, sous tous les rapports, fait le plus de progrès. Des expositions industrielles ont été faites à Prague dès 1828, et toutes les fois que ces solennités ont été renouvelées, elles ont indiqué les changements les plus favorables dans la situation du pays. L'industrie cotonnière a particulièrement prospéré. Les filatures, le tissage et l'impression des toiles y emploient près de 150,000 ouvriers, la fabrication des draps environ 100,000, et l'industrie linière un nombre à peu près pareil. Il y a cent verreries en Bohême qui fabriquent annuellement pour 30 à 35 millions de produits. On sait que ce pays est le berceau du sucre de betterave. Cette fabrication s'est constamment développée depuis son origine, et elle fournit aujourd'hui 20,000 quintaux métriques de sucre. L'association pour l'encouragement de l'industrie, qui s'est formée en Bohême au commencement de l'année 1833, a donné une impulsion nouvelle à la production ; mais ce mouvement a surtout été favorisé par l'établissement de routes et de chemins de fer ; il y a dans cette province 800 myriamètres de routes dont la moitié est à barrière. C'est là aussi que se sont établis les premiers chemins de fer de toute l'Allemagne. Le comte de Chotek, qui a eu depuis 1826, comme burgrave de la Bohême, l'administration supérieure du pays, est un des hommes qui ont le plus contribué aux améliorations que nous signalons. Il a fait construire près de 140 myriamètres de routes, plusieurs ponts considérables ; il a établi à Prague l'Institut des pauvres, la Maison de travail, et il a suivi, pendant son administration, d'un œil attentif les besoins de l'industrie et du commerce.

Après la Bohême, la Silésie autrichienne est une des provinces les plus industrieuses de l'empire. Elle fournit, outre des productions agricoles très-variées, des fers, des charbons, des toiles, des draps, de la quincaillerie, des papiers, des peaux ouvrées, etc. Les laines de la Silésie sont les plus belles que l'on connaisse. La Styrie et la Carinthie fournissent principalement, nous l'avons déjà dit, des fers et des aciers.

Vienne possède, outre ses articles de luxe, des filatures et des tissages de coton, et environ 10,000 métiers pour la fabrication des soieries ; on y fait aussi des châles, de la quincaillerie, de la porcelaine, des meubles, etc. Ses expositions, dont nous aurons à nous occuper plus tard, ont eu lieu pour la première fois en 1835.

L'Autriche est encore sous le joug de l'école mercantile. Son système douanier est fortement protecteur ; cependant on commence à renoncer aux anciennes traditions, et une notification impériale du 1er juillet 1844 a modifié le tarif pour un très-grand nombre d'articles. Les prohibitions ont été levées, et quoique les droits qui les remplacent soient fort élevés, cette mesure est néanmoins un acheminement vers un régime plus libéral. On sait que la Hongrie et la Transylvanie sont séparées de l'Autriche par une barrière douanière ; toutefois les principes du nouveau tarif s'appliquent également à ces deux pays. Si les manufactures de l'Autriche ont prospéré, il ne faut certainement pas attribuer ce progrès à son régime douanier, mais plutôt à certaines autres conditions favorables dont le pays est en possession. L'Autriche a des rivières navigables ; elle a de nombreuses voies de communication ; elle a depuis longtemps des lignes de fer assez considérables ; elle est abondamment pourvue de combustible, et l'agriculture fournit à l'industrie plusieurs matières premières à très-bas prix. La main-d'œuvre est ensuite à fort bon marché, et les ouvriers autrichiens sont, en général, dociles et laborieux. Enfin, les grands propriétaires commencent à se placer à la tête des entreprises industrielles, et ils ont dirigé leurs capitaux vers ce genre d'activité. C'est à eux qu'on doit l'établissement de plusieurs chemins de fer et de canaux qui rendent aujourd'hui des services éminents au commerce et à l'industrie. Qu'on joigne à cela la possession d'un marché de près de 40 millions d'habitants, et l'on aura une explication bien plus naturelle des progrès des manufactures que celle qu'on cherche dans l'action des lignes de douanes.

A mesure que l'industrie dans un pays prend des proportions plus grandes, il faut naturellement lui trouver de nouveaux débouchés. De nos jours la production va au-devant des consommations, et les rivalités commerciales ont une vivacité inconnue à d'autres époques. Le cabinet de Vienne a compris que le corollaire des progrès à l'intérieur était l'extension des débouchés au dehors. Mais là se trouvent des obstacles. L'Autriche n'a pas cette marine puissante qui favorise le commerce extérieur, et puis elle rencontre en Pologne, en Russie et sur toute la frontière de l'association allemande des tarifs qui gênent ses exportations et par conséquent les échanges. Le tarif russe est une barrière presque infranchissable ; car là aussi on a mis les manufactures sous l'égide du système prohibitif.

Mais le gouvernement autrichien ne se décourage pas. Depuis plusieurs années il donne une attention particulière à sa marine mar-

chande. Il imite en cela les États qui sont entrés dans le système industriel, qui visent au développement de leur commerce extérieur, et qui
ont compris la nécessité d'avoir une marine, afin de rendre leurs
transports indépendants des influences étrangères. L'association allemande des douanes, qui n'a que les ports de la Baltique, fait tous ses
efforts pour englober dans l'Union le Hanovre et les villes anséatiques,
afin de réunir une marine capable de servir les intérêts de l'association
dans les régions transmarines. La question d'un pavillon national ger-
manique, nous l'avons déjà dit, a été portée devant la diète ; elle
occupe aujourd'hui d'une manière sérieuse plusieurs gouvernements
de l'Allemagne et plus particulièrement celui de la Prusse. Le complé-
ment obligé d'une marine marchande est une marine militaire ; ce
terme du problème n'a point été perdu de vue non plus dans les différentes combinaisons qui ont été proposées pour le développement du
commerce et de l'industrie.

L'Autriche n'en est plus aux rudiments pour sa marine. Ses ports
de Trieste, de Venise et de Fiume sont en pleine prospérité. Elle a
chez elle deux services à vapeur organisés sur de grandes dimensions :
celui du Danube et le service des paquebots du Levant. Le premier de
ces deux services a pour points extrêmes Vienne et Trébizonde, et la
mer Noire est, par conséquent, sillonnée par le pavillon autrichien.
Cette entreprise, en activité depuis assez longtemps, a ouvert des
débouchés nouveaux à l'industrie et au commerce de l'Autriche, et
elle a contribué au perfectionnement de la navigation à la vapeur. Le
parcours sur la mer Noire est depuis peu entre les mains du Lloyd autrichien de Trieste. Celui-ci, sur la proposition du gouvernement, a
acquis de la Compagnie du Danube les bateaux nécessaires à ce service,
et la ville de Trieste a garanti au Lloyd un minimum d'intérêt de
4 pour 100 du capital de 8 millions engagé dans l'entreprise.

L'Autriche a un assez beau développement de côtes sur l'Adriatique,
depuis l'embouchure du Pô jusqu'à Cattaro. La population maritime
de Trieste, de Venise, de l'Istrie, de la Dalmatie et de Cattaro possède,
à un degré éminent, les qualités du matelot. La marine marchande se
compose d'environ 600 navires jaugeant 200 tonneaux et au-dessus, de
800 navires de 60 à 130 tonneaux, employés au grand cabotage de la
Méditerranée et de la mer Noire, et de plus de 2,000 bateaux côtiers de
30 à 60 tonneaux. Le Lloyd autrichien réunit à lui seul 20 bateaux à
vapeur de la force de 2,090 chevaux, jaugeant 7,000 tonneaux ; ils
font le service du Levant et de la mer Noire. Il s'agit maintenant d'organiser des steamers pour l'Égypte et le Brésil. Cette dernière
contrée augmente chaque année ses relations avec l'Europe, et une
communication entre Trieste et Rio-Janeiro donnerait une nouvelle
importance à la première de ces deux villes. L'Espagne, le Portugal,
une portion de l'Allemagne, la Suisse, la Pologne et la Russie choi-
siraient indubitablement, pour l'expédition de leurs produits, la voie

de Trieste, si le service projeté venait à s'organiser. Depuis l'expiration du traité de commerce entre le Brésil et l'Angleterre, plusieurs puissances de l'ancien continent, la Prusse et l'Autriche entre autres, font de grands efforts pour étendre leurs relations commerciales avec le Brésil. Le moment est en effet propice, et un service de steamers entre Trieste et Rio-Janeiro donnerait à l'Autriche d'incontestables avantages. Elle exporterait au Brésil un grand nombre de ses produits manufacturés, et prendrait principalement en retour des cotons et des cafés. L'ambition de Trieste va, du reste, plus loin encore. Il s'agit d'étendre le service des bateaux à vapeur du Levant au delà de l'isthme de Suez, et de créer des relations directes avec l'Inde et la Chine. Ce sont là de vastes projets ; mais on y songe sérieusement, et le gouvernement autrichien leur prête son appui. Le port de Trieste est devenu insuffisant pour le mouvement considérable dont il est le centre, et l'on a pensé qu'en le mettant, au moyen d'un canal, en communication avec le port de Muja, on trouverait ainsi de nouveaux éléments de grandeur et de richesse. Le canal à grande section recevrait sur ses deux bords des entrepôts, des magasins, des docks, et la rade de Muja deviendrait le port auxiliaire de Trieste.

Le gouvernement impérial ne publie pas, comme la France, l'Angleterre, la Prusse, la Belgique et les États-Unis, des documents officiels sur son commerce extérieur ; mais il fournit depuis quelques années à plusieurs statisticiens des matériaux propres à former des tableaux assez complets, et nous sommes initiés dans le mouvement du commerce extérieur de l'Autriche par les travaux de MM. Springer, Becher et Tegoborski. Le journal du Lloyd autrichien renferme également des données précises à ce sujet, et au moyen de ces diverses publications on peut se faire une idée assez nette du commerce extérieur du pays.

Les États avec lesquels l'Autriche fait le plus d'échanges sont : l'Association allemande des douanes, la Péninsule italique, la Turquie, la Russie, la Suisse, etc. Ses importations se sont élevées en 1843 à la valeur de 278 millions de francs, et ses exportations à 260 millions. Comparées à l'année précédente, les importations se sont accrues de 15 millions, et les exportations de 1,800,000 francs seulement. En 1831, les importations se sont élevées à 160 millions, et les exportations à 190 millions. On voit que, dans l'espace de douze ans, il y a eu un accroissement considérable dans le mouvement du commerce extérieur. Le commerce maritime figure dans les chiffres appartenant à 1843, à l'importation pour 120 millions, et à l'exportation pour 50 millions. Ce sont les ports de Trieste et de Venise qui sont les siéges principaux de ce mouvement.

En divisant les marchandises en produits agricoles et en produits industriels, on obtient les chiffres suivants :

	Importations.		Exportations
Produits agricoles. . . .	139 millions	—	66 millions.
— industriels. . .	139 »	—	194 »

Il est à remarquer qu'on range dans la classe des produits industriels toutes les marchandises nécessaires aux manufactures, telles que matières tinctoriales, minéraux et terres, métaux bruts, plantes filamenteuses, etc. La première catégorie renferme les denrées coloniales, les fruits, les tabacs, les produits de la pêche, les céréales, les boissons, les bestiaux, les combustibles, le gibier et les huiles.

Le chiffre le plus important des produits agricoles à l'entrée est celui des denrées coloniales : il s'élève à près de 34 millions ; viennent ensuite les bestiaux qui y figurent pour près de 25 millions. Dans la seconde classe, les *matières brutes* nécessaires à l'industrie s'élèvent aux importations à 64 millions, les fils de tout genre à 25 millions, les matières tinctoriales à 20 millions, les produits manufacturés proprement dits à 9 millions. Aux exportations, on trouve pour les céréales 20 millions, pour les bestiaux 12 millions, pour le combustible 12 millions et demi, pour les matières nécessaires à l'industrie 103 millions, et pour les produits manufacturés près de 70 millions.

Ce mouvement se répartit d'une manière fort inégale entre les différentes provinces de la monarchie autrichienne. La Lombardie y entre pour la part la plus forte : les importations et les exportations y figurent pour plus de 130 millions; la basse Autriche pour 80 millions; la Bohême pour 80 millions; la Hongrie pour 52 millions; Venise pour 53 millions. Le reste appartient à la haute Autriche, à la Styrie, à l'Illyrie, au Tyrol, à la Moravie, à la Silésie, à la Galicie, à la Transylvanie et au littoral. Tel est le résumé de la situation commerciale de l'Autriche pendant l'année 1843. Les chiffres que nous présentons sont en tout point supérieurs à ceux des années précédentes ; mais comme les importations sont plus fortes que les exportations, et que la balance du commerce semble encore jouir d'un assez grand crédit en Autriche, on ne trouve pas les résultats de l'année 1843 complétement satisfaisants. La différence en faveur des importations est de 18 millions. Elle ne présente rien d'alarmant au fond, même pour les hommes qui prennent encore la balance du commerce au sérieux. Les consommations en denrées coloniales se sont considérablement accrues en 1843 par suite du bas prix de ces denrées. Si les évaluations avaient été faites d'après les prix courants, il est possible que la balance eût moins effrayé les économistes autrichiens ; mais on a appliqué à ces denrées les prix officiels beaucoup trop forts en général, et c'est par ce procédé qu'on a obtenu des données qui paraissent sinon alarmantes, du moins défavorables.

Quoique depuis la formation de l'Union douanière allemande les produits étrangers aient été frappés par une aggravation de tarif, c'est néanmoins avec cette agglomération d'États que l'Autriche fait encore le plus d'échanges. Les importations et les exportations réunies dépassent 160 millions : elles sont pour les États italiens d'environ 74 millions, pour la Turquie de 55 millions, pour la Suisse de 50 millions, pour la Russie de 15 à 16 millions seulement.

On a souvent prêté au cabinet de Vienne la pensée de réunir l'Autriche à l'Association allemande des douanes. Nous avons déjà dit que la réalisation d'un semblable projet rencontrerait de grands obstacles. L'Autriche n'a pas la même politique commerciale que l'Allemagne; elle a d'autres débouchés, et ses vues se portent sur des régions où elle rencontre moins de compétiteurs. L'industrie autrichienne d'ailleurs ne pourrait pas lutter avec celle du Zollverein, et le cabinet de Vienne, en adhérant à l'Association, livrerait à celle-ci un vaste marché sans aucune compensation réelle. Les fabriques de tissus de l'Autriche ne sont pas encore en état de rivaliser avec celles de la Saxe et des provinces rhénanes, et l'industrie cotonnière, quoique assez solidement assise en Bohême, ne pourrait cependant pas soutenir la concurrence des étoffes allemandes. Pour peu qu'on veuille réfléchir à la situation respective des deux pays, envisager leurs institutions politiques, leurs ressources et leurs tendances commerciales, on trouvera que cette fusion dont on a beaucoup parlé serait tout à fait contraire aux intérêts de l'empire.

L'Autriche cherche aujourd'hui à faire des échanges ailleurs qu'en Allemagne. Ses efforts, entre autres, se dirigent vers l'Orient. Son service de bateaux à vapeur du Levant sera prochainement complété par une communication hebdomadaire avec les îles Ioniennes, la Grèce et la Turquie, et deux fois par mois les bateaux toucheront à Alexandrie, à Candie, dans un des ports de la Syrie et à Trébizonde.

Quant à la navigation sur le Danube, elle recevra aussi de notables perfectionnements. L'Autriche, quoique contrariée dans ses desseins par la Russie, attend de grands effets de cette ligne, surtout lorsqu'on aura perfectionné la navigation sur les principaux affluents du Danube, c'est-à-dire la Save, la Drave, la Theiss, le Pruth, etc. Elle deviendra un instrument fécond pour l'exploitation d'une partie du commerce de la mer Noire, et si le canal projeté entre la Save et la mer Adriatique était effectué, Trieste se trouverait en relation directe avec Trébizonde, et deviendrait l'entrepôt pour l'approvisionnement de presque toutes les provinces danubiennes.

L'embouchure de la Sulina, un des bras qui forment le Delta du Danube, présente d'assez graves obstacles à la navigation. On a donc eu la pensée de creuser un canal de Rassowa jusqu'à Kustendsch, petit port sur la mer Noire; on éviterait ainsi un trajet de plus de 400 kilomètres et les difficultés de l'embouchure de la Sulina. Pour bien comprendre toute l'importance de cette entreprise, nous entrerons dans quelques détails topographiques : de Widdin, le Danube parcourt la vallée formée par les Carpathes et les Balkans, dans une direction

Est, sur une étendue d'environ 200 kilomètres. Arrivé à Rassowa, à 50 kilomètres de la mer Noire, le fleuve, sans rencontrer d'obstacle apparent, se détourne subitement et se porte dans une direction nord sur Galatz. Au lieu même où ce brusque changement s'opère, la vallée du Danube semble se prolonger dans la direction est jusqu'à 4,000 mètres environ du port de Kustendsch, et c'est là seulement que le terrain s'élève de 25 à 30 mètres au-dessus du niveau de la mer Noire. Il s'agirait donc d'opérer une tranchée dans ce sol de formation calcaire, et d'établir un canal à grande section de Rassowa à Kustendsch. On abrégerait ainsi le trajet de 400 kilomètres, et l'on éviterait les périls que présente l'embouchure de la Sulina. Le gouvernement autrichien a fait explorer la contrée par plusieurs ingénieurs. Il résulte de leurs études qu'on trouverait une quantité suffisante d'eau pour l'alimentation du canal, et que les travaux d'art ne présenteraient pas des obstacles insurmontables. Quoi qu'il en soit, il est certain qu'on cherche à lever les difficultés qui s'opposent à la navigation du Danube. Déjà des arrangements sont intervenus entre le cabinet de Vienne et celui de Saint-Pétersbourg pour la modification du régime sanitaire aux embouchures de ce fleuve.

Trieste est le port le plus considérable de la monarchie autrichienne. Son mouvement s'est développé au détriment de celui de Venise. La valeur des entrées et des sorties s'est élevée pour le premier de ces deux ports en 1843 à 97 millions, tandis que pour le second le mouvement n'est représenté que par 50 millions. Les efforts du gouvernement pour agrandir les débouchés du commerce dans la mer Noire semblent obtenir quelques succès. Ainsi les relations directes entre Trieste et Odessa se sont sensiblement accrues dans la période triennale qui finit avec l'année 1844. Trieste expédie pour Odessa des cafés, des vins, des drogueries, du soufre, des fruits, des produits manufacturés, tels que de la quincaillerie, des verreries, des papiers, des montres, des savons, des voitures, des instruments de musique, etc. Les retours consistent en céréales, en laines, cire, peaux brutes, fers, cuivres, etc.

Les marchandises qui ont transité par l'Autriche en 1843 s'élèvent à une valeur de 180 millions de francs. Le Zollverein a fourni le contingent le plus important à ce chiffre, et ses expéditions à travers l'Autriche s'élèvent à la somme de 57 millions. Le transit par le littoral est de 37 millions à l'entrée, et à la sortie de plus de 50 millions. Ce genre de mouvement est l'objet de l'attention spéciale du gouvernement autrichien et de l'Association commerciale du Lloyd à Trieste. Pour le favoriser, on a modifié le régime des quarantaines dans les ports de l'empire. Les lignes de fer sont venues au secours de la navigation à vapeur, et les correspondances établies avec le Levant et la mer Noire viennent compléter ces mesures.

On voit que l'Autriche est entrée dans le mouvement qui domine aujourd'hui une grande partie de l'Europe, et plus particulièrement la France, l'Angleterre, la Belgique et l'Association allemande des douanes. Elle cherche à donner à ses manufactures des proportions plus vastes, à son commerce intérieur plus de régularité, et à son commerce extérieur de nouveaux débouchés. Elle n'a point pour arriver à ce but les mêmes ressources, des moyens aussi énergiques que la France et l'Angleterre, et ses progrès dans la carrière industrielle sont par cela même moins rapides. Mais aussi n'est-elle point exposée à ces violentes secousses et à ces crises inévitables qui frappent si souvent le commerce. Elle a cherché à conserver à côté des manufactures les industries domestiques, et dans un assez grand nombre de localités le travail de l'atelier est combiné avec celui des champs, condition excellente, mais qu'il n'est pas toujours possible de maintenir. Ce mouvement cependant n'est pas totalement affranchi d'embarras et d'entraves, et les détails qui suivent prouveront que la composition hétérogène des populations de l'empire gêne à beaucoup d'égards le progrès qu'on cherche à favoriser.

La Hongrie, on le sait, est soumise à un régime douanier particulier qui lui impose, au profit de l'Autriche, certains sacrifices. Les Hongrois reçoivent la plupart des objets manufacturés des États héréditaires, et les marchandises hongroises, qui se composent principalement de produits du sol, subissent d'un autre côté un impôt lorsqu'elles passent en Autriche. Cette situation donne depuis longtemps lieu à de vives discussions dans le sein de la diète et des diétines, et elle a fait naître, à la fin de l'année dernière, une résolution assez bizarre. Il s'est formé, sous le nom de *Vedegylet*, une association dont les membres ont pris l'engagement de ne consommer que des produits d'origine hongroise. Cette association a pris une rapide extension. Elle a eu d'abord pour président le comte Casimir Batthyanyi, et M. Louis Kossuth en a été le principal promoteur.

D'après les statuts, les membres s'engagent sur l'honneur, et pour la période de six ans, à ne consommer que des produits indigènes et à n'employer que des artisans du pays. Toutefois chaque membre, au moment de donner son adhésion, peut stipuler un certain nombre d'exceptions, et se réserver la consommation de quelques produits étrangers qu'il désigne d'avance. Les statuts eux-mêmes exceptent de la proscription les objets nécessaires aux sciences et aux arts, les préparations pharmaceutiques, les livres, cartes et plans, les tableaux, les statues, la musique, les curiosités, les collections de tout genre, les instruments de physique, de mathématiques, les machines à l'usage de l'industrie et de l'agriculture, les matières premières qui ne se trouvent pas dans le pays, etc. Les sociétaires payent une cotisation annuelle pour le soutien du Vedegylet.

Cette association a pris, dès son origine, une assez rapide extension malgré l'opposition qu'elle a éprouvée de la part du gouvernement et des journaux du pouvoir, et l'on prétend qu'elle comptait au commencement de cette année plus de 60,000 membres. C'est à tel point qu'un acte du 7 janvier dernier, émané de la chancellerie hongroise, prescrit à tous les comitats ou conseils provinciaux de s'opposer à l'action du Vedegylet, et d'empêcher les réunions qui ont lieu dans tous les districts, jusqu'au moment, au moins est-il dit dans l'ordre, où les statuts auront été approuvés par l'autorité supérieure. Or, les comitats dénient au gouvernement le droit d'empêcher les associations et d'intervenir dans les réunions de la nature de celles qui se tiennent actuellement sur tous les points du territoire. Le Vedegylet compte d'ailleurs au nombre de ses membres les hommes les plus considérables du pays. Quelques-uns d'entre eux ont donné l'exemple de la stricte observation des statuts. Ils ne consomment que les produits manufacturés du pays, et ils se contentent des étoffes que fournissent les fabriques hongroises. C'est un assez singulier spectacle que cette renonciation soudaine à des objets de luxe qui étaient devenus une sorte de besoin pour les riches et puissants seigneurs de la Hongrie. Aussi les journaux du gouvernement ont-ils cherché à tourner en ridicule le Vedegylet. De là une polémique très-vive non-seulement entre les journaux autrichiens et hongrois, mais encore entre les journaux de Pesth eux-mêmes. Le *Pesti-hirlap*, qui est l'organe principal de l'association, en fait connaître les progrès et le développement. Il en montre l'utilité pour le pays, et l'influence favorable qu'elle doit exercer sur l'avenir de l'industrie nationale. Le *Budapesti-hirado* s'épuise, au contraire, en plaisanteries contre l'association et contre un de ses plus ardents promoteurs, M. de Pulszki. Le *Szazadunk*, journal de Presbourg, fait le même office. Il attaque surtout les Magyares comme les partisans les plus ardents du Vedegylet.

Nous croyons que ce n'est ni l'opposition du gouvernement ni les attaques de ses journaux qui paralyseront les efforts de l'association; ce sera plutôt la situation industrielle du pays. La Hongrie, quoiqu'elle ait fait d'assez grands progrès depuis quelques années, progrès que le gouvernement autrichien a favorisés dans une certaine mesure, est encore fort arriérée sous le rapport de la production manufacturière. Le pays manque des instruments les plus essentiels aux progrès de l'industrie. L'organisation politique y crée de nombreuses inégalités, et toutes les classes de la société ne sont pas également aptes à posséder. La législation civile est tellement vicieuse, qu'elle entrave toutes les transactions; les voies de communication sont incomplètes, les capitaux sont rares, et le génie industriel ne s'est point encore clairement manifesté chez les Hongrois. Ce sont là des causes qui réagiront puissamment contre le Vedegylet. D'un autre côté, les conditions d'échange entre les États héréditaires et la Hongrie ne sont pas aussi défavorables qu'on pourrait le croire au premier abord. Les exportations des produits autrichiens pour la Hongrie et la Transylvanie se sont élevées en

1842 à une valeur de 108 millions de francs, et ces deux pays ont importé en Autriche, pendant la même année, pour près de 117 millions de produits. La Hongrie et la Transylvanie fournissent à l'Autriche principalement des céréales, des bestiaux, du tabac, des boissons fermentées, des huiles et des matières nécessaires à l'industrie. Celles-ci seules figurent aux exportations de la Hongrie pour plus de 60 millions de francs. L'Autriche, au contraire, fournit à la Hongrie et à la Transylvanie presque tous les produits manufacturés, et les exportations de cette catégorie de marchandises s'élèvent en 1842 à une valeur de 80 millions de francs.

Ce qui paraît avoir motivé en apparence la formation du Vedegylet, ce sont les droits qui sont perçus tant à l'entrée qu'à la sortie. Cependant le chiffre de ces droits n'est pas exorbitant, et en l'examinant de près, on est forcé de convenir qu'il ne saurait affecter gravement l'industrie hongroise. Les droits perçus sur les marchandises importées de la Hongrie en Autriche ont été, en 1842, de 4,175,000 francs, et pour l'exportation, ce chiffre s'est élevé à 2,650,000 francs. Ainsi le mouvement total des marchandises entre l'Autriche et ses dépendances et la Hongrie et la Transylvanie, représentant une valeur de 225 millions de francs, ne supporte pas 7 millions de droits ; c'est à peine 3 pour 100. Les taxes pèsent plus particulièrement sur les céréales, les boissons et les bestiaux de la Hongrie, et quoique ces trois articles ne figurent que pour 35 millions dans les importations en Autriche, ils acquittent néanmoins la presque totalité des droits d'entrée, c'est-à-dire 3,250,000 francs. Les importations en matières premières, d'une valeur de 60 millions de francs, acquittent à peine 240,000 francs à leur entrée en Autriche.

Nous empruntons ces divers chiffres à l'ouvrage de M. Becher sur le commerce de l'Autriche, qui rédige, comme nous l'avons dit, depuis plusieurs années, avec l'appui de son gouvernement, un document semblable à nos tableaux de douanes. En établissant les rapports commerciaux entre l'Autriche et la Hongrie, il a tenu compte des divisions géographiques de l'empire, en sorte qu'on peut voir quelles sont les provinces qui ont eu les relations les plus actives avec la Hongrie et la Transylvanie, régies par le même système de douanes. La basse Autriche a seule reçu pour 63 millions de produits hongrois en 1842, la Silésie et la Moravie pour 25 millions, la Styrie et l'Illyrie pour 8 millions, la Galicie pour 6 millions. Le reste se répartit entre la haute Autriche, le littoral, le Tyrol, la Bohême, la Lombardie et Venise. A l'exportation, les proportions sont à peu près les mêmes, et la basse Autriche figure en tête des sorties.

Les tarifs entre la Hongrie et l'Autriche, quoiqu'ils soient modérés, ont cependant été calculés pour la convenance du dernier de ces deux pays. L'Autriche s'est appliquée jusqu'à présent à développer plus particulièrement son industrie agricole ; elle a par conséquent, fidèle à son système général de douanes, spécialement protégé ses productions de cette nature, tandis qu'elle a favorisé l'importation des produits nécessaires à l'industrie. Les Hongrois se sont d'une part exagéré les conséquences de ce système, et de l'autre il leur a fourni le prétexte de continuer et d'aggraver l'agitation politique du pays en poursuivant des réformes économiques.

A ne lire que la polémique qui existe entre les adversaires et les promoteurs du Vedegylet, il est impossible de se faire une idée nette de la situation industrielle de la Hongrie. Les premiers déprécient jusqu'aux ressources naturelles du pays, et les seconds ne rêvent que fabriques et usines; ils s'imaginent que les capitaux se forment par la baguette magique, et que quelques mois suffisent pour établir des manufactures de tout genre; ils attribuent un pouvoir suprême au Vedegylet, et ils nient, ainsi que cela a été dit, que les cotisations ont de la peine à rentrer, que les marchands ont recours à de fausses marques pour vendre les produits étrangers, que le cachet hongrois vient sanctionner la contrebande, et que déjà des membres éminents de l'association se dégoûtent de ces étoffes primitives qui détruisent si complétement leurs habitudes de luxe et d'élégance. Cependant tout cela est assez vraisemblable, et pour peu qu'on veuille jeter un coup d'œil impartial sur l'industrie hongroise, on reste convaincu qu'elle ne saurait suffire aux besoins les plus modestes des populations. La Hongrie ne possède qu'une seule fabrique de draps de quelque importance : c'est celle de Gocs, et encore ces draps sont-ils d'une qualité médiocre. On fabrique des toiles de lin et de chanvre dans les comitats de Zips, d'Arva et de Saros; mais cette manufacture ne suffit pas aux nécessités du pays, et la Hongrie tire annuellement des quantités considérables de toiles de la Bohême. Il y a une foule d'industries qui n'existent en aucune façon dans ce royaume. Ainsi on n'y fabrique ni machines ni instruments d'aucun genre, et le travail des métaux y est par conséquent dans une situation tout à fait élémentaire; on n'y trouve que peu de fabriques de papier et de pâtes céramiques. En un mot, la Hongrie est de tous les pays de l'Europe le plus arriéré en industrie. On parle comme d'une merveille d'une fabrique de soieries établie dans le comitat de Szalad et possédant quatre métiers. Il est aussi question d'établir dans le même comitat une fabrique de toiles peintes, la première que possédera la Hongrie.

En examinant, dans la dernière diète, d'une manière générale la situation économique du royaume, on s'est fort bien aperçu que les bases mêmes d'une production industrielle n'existaient pas ; aussi s'est-on occupé avant tout de l'établissement des chemins de fer, de l'organisation de banques commerciales et hypothécaires. Enfin des propositions ont été faites pour rendre la propriété accessible à tous, pour égaliser les charges publiques et pour détruire quelques-uns des priviléges qui s'opposent le plus au développement du bien-être et de la richesse. On travaille avec une grande activité au chemin de fer central de la Hongrie. Cette ligne mettra en communication Vienne, Presbourg, Pesth et Debretzin. Dans la dernière diète, il a été décidé qu'on établirait une ligne de fer de Vukovar à Fiume, afin de relier entre eux une partie de la Croatie, la frontière militaire, la Dalmatie, la Carinthie et les districts du littoral. La dépense totale de cette voie est évaluée à 45 millions de francs ; il a été résolu que la concession de la ligne serait faite à une compagnie privée, et qu'à défaut de celle-ci, la diète ferait exécuter l'entreprise au moyen d'un emprunt.

Quel que soit maintenant l'avenir du Vedegylet, il est certain que cette association a réveillé les esprits et a donné une certaine impulsion aux travaux industriels. La pensée de se contenter des produits indigènes et d'exclure une foule de marchandises de la consommation est sans doute un projet chimérique, et c'est même un très-mauvais moyen pour favoriser l'industrie. L'isolement est l'antipode du progrès, et lorsqu'il existe, la production et les échanges sont resserrés dans d'étroites limites. En comprimant les besoins, même momentanément, on paralyse les facultés productrices, et au lieu d'avancer on recule. Ainsi la réalisation sérieuse et complète de l'idée du Vedegylet irait à l'encontre du but qu'on se propose, et il ne faut considérer cette association que comme un incident qui a réveillé le peuple hongrois de son assoupissement et a provoqué une polémique propre à éclaircir des problèmes qui seraient peut-être restés sans solution aux yeux d'un grand nombre de personnes.

Il a déjà été plusieurs fois question de supprimer les barrières qui séparent la Hongrie et la Transylvanie du reste de l'Autriche afin de faciliter les relations commerciales de ces deux provinces avec l'empire ; mais des considérations politiques et fiscales et quelques intérêts particuliers se sont opposés jusqu'à présent à cette fusion. Il y a dans le gouvernement même une opinion nettement dessinée à cet égard, et dans ces derniers temps, la suppression des barrières a de nouveau été sérieusement agitée à Vienne. Comme moyen fiscal, elles n'ont pas une grande valeur, car il faut déduire des 7 ou 8 millions qu'elles rapportent annuellement les frais de garde, et tenir compte des inconvénients qui en résultent pour les transactions commerciales. Le monopole de la culture du tabac, qui existe en Hongrie, est un des principaux obstacles qui s'opposent à la fusion, car en supprimant les barrières, il faudrait en même temps renoncer à la culture du tabac en Hongrie ou étendre la faculté de le produire à tout l'empire. Dans les deux cas, ce serait une perte pour la Hongrie, et nous croyons que c'est là une des raisons qui ont créé dans le pays même de nombreux adversaires à la suppression des barrières.

Ainsi que nous l'avons dit, le cabinet de Vienne, pour encourager la production, a institué à Vienne et dans d'autres villes de l'empire des expositions industrielles. Ces solennités excitent l'émulation et constatent jusqu'à un certain point les progrès du travail dans les manufactures. L'exposition actuellement ouverte est plus considérable qu'aucune de celles qui l'ont précédée ; elle compte plus de 2,000 exposants et un nombre infini d'échantillons de marchandises de tout genre. La basse Autriche est le plus fortement représentée dans cette solennité : 870 industriels y ont exposé les produits les plus divers, mais principalement des objets de luxe fabriqués à Vienne. En seconde ligne se trouve la Bohême, qui est arrivée là avec ses tissus de lin, de coton, avec ses draps et ses verreries. Viennent ensuite la haute Autriche, la Moravie et la Silésie, la Lombardie, la Styrie, le Tyrol, l'Il-lyrie et la Hongrie. Les autres provinces, c'est-à-dire la Galicie, la Transylvanie, la Dalmatie et la frontière militaire ne figurent que d'une manière insignifiante dans l'Institut polytechnique de Vienne, où se trouvent exposés les nombreux échantillons envoyés de tous les points de l'empire. La Hongrie même ne compte qu'environ 47 expo-sants à cette solennité, l'Illyrie 50, le Tyrol 70, la Styrie environ 80, la Lombardie et Venise autant. Ces chiffres indiquent jusqu'à un cer-tain point le développement relatif de l'industrie dans la monarchie autrichienne. Le siége des manufactures est plus spécialement dans l'Autriche proprement dite, en Bohême, en Silésie et dans la Lom-bardie.

Si l'on déduit les articles manufacturés à Vienne, on trouve que les provinces ont surtout envoyé des échantillons de matières premières ou de fabrication élémentaire, tels que des matières combustibles, des minéraux, des laines, des soies, des métaux, de la grosse quincaillerie, des peaux, des articles enfin qui indiquent que l'industrie manufac-turière n'est point encore arrivée dans ce pays à la même puissance que l'industrie agricole et l'industrie métallurgique. Cette dernière est représentée avec beaucoup d'éclat à l'exposition. Cependant la pro-duction du fer en Autriche est relativement beaucoup plus faible qu'en Angleterre, en France et dans l'association allemande des douanes. La consommation par tête est en Angleterre de 30 kilogrammes par an, dans le Zollverein de 13 kilogrammes, en France de 9 à 10 kilogr., et en Autriche de 4 kilogrammes seulement. Ce rapprochement est caractéristique, et il donne la mesure du développement industriel de ces divers États. Les exportations des fontes et des fers en Autriche sont à peu près stationnaires depuis une dizaine d'années. Les der-nières dispositions du tarif de l'association allemande sont de nature à maintenir cette immobilité. L'Autriche, d'un autre côté, a frappé les fers étrangers de droits fort élevés, en sorte que les exportations et les importations sont également gênées ; les producteurs sont réduits au marché national, et les consommateurs sont forcés de s'approvi-sionner dans les usines du pays. Il ne faut pas oublier que l'industrie du fer, comme la plupart des exploitations métallurgiques, est en grande partie entre les mains du gouvernement, et que la fabrication n'est par conséquent point stimulée par la concurrence. Toutefois les fers de la Styrie et de la Carinthie sont en général d'excellente qualité, et l'on emploie pour les produire des procédés assez perfectionnés. Les échantillons des forges de Neuberg figurent d'une manière fort distinguée à l'exposition. Parmi les propriétaires de forges dont les noms sont inscrits sur la liste des exposants, on remarque les princes de Metternich, de Furstenberg, d'Auersberg, de Salm, de Dietrichstein, qui ont fait envoyer de leurs usines de Plass, de Purglitz, de Hof, de Blansko et de Ransko des pièces très-remarquables de fonte moulée et de fer forgé. Mais les progrès les plus saillants ont eu lieu dans les vastes usines de l'archiduc Charles en Silésie et en Galicie, où l'on a introduit de nombreux perfectionnements dans le laminage.

On sait que les aciers d'Innerberg sont célèbres dans le monde entier. Ils occupent dans cette catégorie de produits la première place à l'exposition. Viennent ensuite les aciers de Jenbach, de Pillersee, et ceux du baron de Zois, dont les usines se trouvent dans la Carinthie supérieure, et qui expédie presque tous ses produits pour l'Italie et l'Orient. Les fontes moulées, la grosse quincaillerie, la tréfilerie, sont assez bien représentées à l'exposition, et elles complètent fort bien la série d'échantillons de fer et d'acier.

Après l'industrie métallurgique, les regards sont attirés par les tissus. La Lombardie a pourvu aux soieries ; la Bohême, aux toiles peintes ; Klagenfurt, Brunn, Reichenberg ont fourni des draps remarquables. La fabrication des machines, de la porcelaine, des instruments de musique, des meubles, est presque exclusivement concentrée dans la capitale. Cependant de nouvelles fabriques de pâtes céramiques se sont établies en Bohême, dans la Hongrie et dans la Lombardie. La manufacture impériale de Vienne paraît rester jusqu'à présent à la tête de cette fabrication. On trouve dans l'industrie des pâtes céramiques une foule de noms nobiliaires. Le comte Mnischeck, à Frain, a exposé de très-belles faïences ; les porcelaines du comte de Thun, dont les usines sont en Bohême, ont été fabriquées avec de la tourbe. Les manufactures de Saint-Christophore, près de Milan, ont aussi envoyé de très-belles porcelaines et des faïences qui, dit-on, peuvent rivaliser avec celles de l'Angleterre. Dans l'industrie des cristaux, si importante en Bohême, le comte de Harrach se distingue parmi tous les autres exposants. Cette fabrication conserve son ancienne renommée quoiqu'elle ait à lutter aujourd'hui avec les produits similaires de la France et de l'Angleterre. Les cristalleries de la Bohême fournissent un des articles les plus considérables à l'exportation parmi les objets manufacturés, et l'on a expédié en moyenne, depuis dix ans, pour 12 à 13 millions de cristaux et de verreries pour les pays étrangers ; les tissus de laine seuls présentent à l'exportation des articles manufacturés un chiffre plus élevé. Nos exportations en cristaux et pâtes céramiques ne sont guère plus fortes que celles de l'Autriche. Les exportations de tissus de lin et de chanvre s'élèvent pour la moyenne décennale à une dizaine de millions. Quant aux autres produits manufacturés que l'Autriche fournit à l'étranger, leur valeur ne dépasse pas 20 millions de francs. Il en résulte que les fabriques de papier, de soieries, de bonneterie, de dentelles, d'instruments de musique et de précision, de fine quincaillerie, d'orfévrerie, de bijouterie, de papiers peints, de cuirs, de toiles cirées sont à peu près réduites au marché indigène. Les produits envoyés à l'exposition par ces différentes catégories d'usines sont aussi ceux qui se présentent avec le moins d'éclat.

Il n'entre point ici dans nos vues de faire une description exacte de la solennité industrielle de Vienne. Nous nous bornons à quelques indications qui confirment ce que nous avons dit sur la situation générale et sur les tendances de l'industrie en Autriche. Tous les Etats sont aujourd'hui invinciblement entraînés vers cette carrière nouvelle; les gouvernements affrontent résolument tous les dangers qu'on attribue au système industriel ; le développement de la production, la création de nouveaux débouchés, voilà le problème qu'on cherche à résoudre par des moyens qui sont partout à peu près les mêmes. Les industries parcellaires disparaissent peu à peu ; la concentration des capitaux produit la création de grandes usines où la division du travail est favorisée par les machines. Rien ne résiste à ces tendances. L'Autriche, terre classique de la prudence, de l'examen et de la temporisation, suit aussi les lois nouvelles du travail ; elle renonce peu à peu aux restrictions et à la réglementation à l'intérieur, et comme elle cherche de nouveaux débouchés au dehors, il faudra aussi successivement abaisser les barrières et adoucir le régime douanier chargé de protéger aujourd'hui le *travail national*. C'est une tâche qui ne s'accomplira pas sans de nombreuses réactions : le commerce se mettra en guerre avec l'industrie ; des considérations fiscales, des intérêts particuliers souvent puissants arrêteront plus d'une fois le mouvement. Mais en définitive, comme tous les progrès se lient essentiellement les uns aux autres, comme les productions appellent les consommations, comme les impulsions que reçoit le travail provoquent les échanges, les prohibitions auront leur jour fatal, et on comprendra que l'industrie ne peut être à la fois *cosmopolite* et *nationale,* exclure tous les compétiteurs du marché indigène et se fixer en même temps sur tous les marchés étrangers. C'est une contradiction que le temps et les intérêts bien entendus des peuples se chargeront de faire disparaître.

La Russie coordonne ses vues commerciales avec sa politique ; elle veut s'élever à la hauteur d'un Etat manufacturier : elle a appelé à son aide le système protecteur, et ses fabriques doivent non-seulement subvenir aux besoins intérieurs, mais encore alimenter de leurs produits les débouchés qui se présentent en Asie. Il n'y a en effet, quant à présent, aucun espoir pour la Russie de faire pénétrer ses articles manufacturés en Europe, et les relations commerciales qu'elle entretient avec le continent et l'Angleterre ont de sa part pour objet le débit de matières premières qui consistent principalement en blés, chanvre, lin, suif, fers, cuivre, peaux brutes et tannées, laines, bois de construction, etc.

La Russie a les produits naturels les plus variés, et l'on trouve successivement sur son territoire, à partir du nord, des pêcheries, la région des chasses et des pelleteries, de vastes forêts, la culture de l'orge, du seigle, du lin, du froment, enfin des latitudes où le maïs, les vignes, l'olivier, le mûrier et la canne à sucre réussissent parfaitement. L'exploitation de ces richesses est favorisée par de magnifiques cours d'eau qui sillonnent l'empire dans toutes les directions, et la navigation sera un jour complétée par un système de canaux dont on trouve déjà de nombreux linéaments dans la Russie d'Europe.

Les projets du cabinet de Saint-Pétersbourg sur l'empire ottoman ne sont qu'ajournés. Il suit en silence ses desseins ; aucune circonstance, quelque peu de rapport qu'elle paraisse avoir avec cet événement futur, n'est négligée dans cette grande entreprise. Nous n'avons point à pénétrer ici dans la question politique de l'Orient, qui ne fait que sommeiller ; nous nous bornerons à exposer les tendances commerciales de la Russie et les moyens qu'elle emploie pour développer ses manufactures et son négoce. Ses vues sont particulièrement tournées vers l'Asie. Là les produits imparfaits de ses manufactures trouvent un débouché et des marchés où la concurrence européenne ne s'est pas encore montrée.

Nous n'avons pas la pensée de présenter un tableau complet des relations mercantiles et du mouvement industriel de la Russie. Nous ferons seulement ressortir les faits les plus propres à caractériser ses tendances. Nous donnerons un aperçu de ses routes commerciales les plus fréquentées, et particulièrement de celles qui mettent les foyers industriels et commerciaux de l'empire en rapport avec la Chine, l'Asie centrale, le Turkestan et la Perse, en faisant surtout ressortir le rôle que jouent la mer Noire et la mer Caspienne dans l'ensemble de ce mouvement. Nous porterons nos regards sur quelques contrées inexplorées par le commerce européen et dans lesquelles les négociants russes s'affermissent de plus en plus. Nous verrons également avec quelle sagacité et quelle prudence le cabinet de Saint-Pétersbourg favorise ces efforts, et avec quelle justesse enfin il apprécie des avantages que ses relations avec l'Orient doivent offrir un jour à ses manufactures naissantes.

En examinant les ressources commerciales de la Russie, on la trouve en effet tout d'abord établie sur la mer Noire, dont la convention des détroits a fait un lac russe. Ses flottes y dominent exclusivement et exercent une observation continuelle sur le littoral turc depuis Trébizonde jusqu'à Scutari. D'un autre côté, elle s'est rendue maîtresse des bouches du Danube, et elle peut ainsi paralyser la navigation de ce fleuve dès qu'on voudra le faire servir aux relations avec la mer Noire. La Russie a parfaitement apprécié l'importance commerciale du Danube, surtout depuis qu'on y a établi des services réguliers de bateaux à vapeur. C'est la voie qui favorise le mieux les relations de l'Autriche et d'une partie de l'association allemande avec l'Orient. La Russie sans doute n'a aucune objection à faire contre ce mouvement; mais elle s'en est rendue en quelque sorte maîtresse en construisant sur les îles formées par les embouchures du Danube des forts qui dominent le fleuve, et elle occupe entre autres complétement la bouche de Saint-George, l'embouchure la plus importante du Danube. Pour bien saisir la portée de ces faits, il faut les rapprocher des espérances que la Russie nourrit à l'égard de la Bulgarie et des provinces danubiennes. Si ces espérances se réalisaient, c'en serait fait de la libre navigation du Danube. Ses ports d'Odessa et de Sevastopol sont d'admirables points pour sa marine marchande et militaire, et leur rapide développement est le meilleur témoignage de leur importance et de leur grandeur futures. Les fleuves russes qui se jettent dans la mer Noire desservent plusieurs villes considérables : sur le Dniéper sont situés Smolensk, Mohilew, Kiew, Krementschug, Jekaterinoslaw, Alexandrow, Kherson; sur le Don, Woronesch, Tscherkast, Azow, Taganrok, Marioupol. Le Kuban, le Bug et le Dniester facilitent également les relations de plusieurs villes industrieuse de l'intérieur avec la mer Noire.

Il est facile de s'expliquer l'importance que la Russie attache à la possession du Caucase. Cette région, si elle échappait à son autorité, isolerait les provinces transcaucasiennes, délicieuses contrées qui offrent des richesses inépuisables et qui sont sans contredit la plus belle partie de l'empire russe. La Géorgie unit la mer Noire à la mer Caspienne, et le Kour, qui se jette dans celle-ci, remonte jusqu'à Tiflis et reçoit dans ses eaux l'Aras. Le Volga, qui se jette également dans la mer Caspienne, est lié aux affluents de la Néva par divers canaux. D'autres canaux établissent des communications entre les tributaires du Volga et de la Dwina du Nord; de sorte que la Baltique et la mer Blanche sont liées aux mers Noire et Caspienne. Ce système de navigation recevrait une atteinte mortelle si la Circassie, bornée par les monts Caucase, la mer Caspienne, le Volga, le Don et la mer d'Azow, échappait à la domination russe. De là ces efforts désespérés de l'empereur pour dompter ces populations à la fois vaillantes et sauvages et pour les assujettir à la même dépendance que celles des provinces transcaucasiennes.

Moscou et Nijni-Novogorod sont les foyers industriels et commerciaux de l'intérieur de la Russie. C'est de ces deux points, de Moscou surtout, que rayonnent les plus importantes routes commerciales. Elles se dirigent de l'ancienne capitale : 1° sur Varsovie; 2° sur Odessa par Orel, Kursk, Charkow, Pultava; 3° sur Nijni-Novogorod, Kazan, Astracan, Kislar; 4° sur Tiflis par Woronesch, Katanskaja, Stawropol et Georgiewsk; 5° sur Archangel. Plusieurs de ces routes ont des ramifications ou se prolongent dans différentes directions : nous avons celles de Tscherkask à Charkow, à Kherson et à Simferopol; celles de Sevastopol à Jekaterinoslaw, d'Odessa à Mohilew par Brody, etc.

En pénétrant dans les régions asiatiques, nous trouvons dans les provinces du sud-est de nombreuses relations avec la Perse et tout le Turkestan. Les communications ont leur origine dans la Géorgie et dans les ports de la mer Caspienne. Une route, en quittant Tiflis, traverse Van, Tauris, Recht et arrive à Téhéran. Orenbourg et Astracan sont en relation avec Asterabad, Mesched, Hérat, Khiva, Bokhara et Balk. Asterabad est l'entrepôt des marchandises qui arrivent de Téhéran et de la mer Caspienne et qui sont expédiées pour Khiva, Bokhara, le Caboul et l'Afganistan par Mesched, où la route se bifurque vers Bokhara et Hérat. Les marchandises des ports de la mer Caspienne destinées à Khiva débarquent dans le golfe de Balkan à Mangischlak, d'où il leur faut encore une quinzaine de jours pour arriver à leur destination. La distance est plus courte d'Alexandrow; mais en revanche il faut trente-trois jours pour venir d'Orenbourg à Khiva. Bokhara expédie ses caravanes pour la Chine, l'Inde, l'Afganistan, la Perse et la Russie. C'est la ville la plus active et la plus industrieuse du Turkestan. Elle communique avec Orenbourg par l'Ilek, les déserts de Kara-Kum et de Kizil-Kum par la côte nord-est du lac Aral. Les caravanes mettent soixante jours pour franchir la distance entre les deux villes. Les marchandises russes d'Orenbourg destinées au Caboul passent également par Bokhara. Troizk, situé sur l'Oui, acquiert chaque jour plus d'importance, et cette ville sert d'entrepôt aux marchandises d'Irbit et d'Iekaterinbourg, qui sont destinées au Turkestan et au Caboul. Petropawlowsk, plus à l'est, est la station du commerce de Tobolsk et d'Omsk avec Bokhara. Enfin une troisième route se dirige du gouvernement de Tomsk par Semipalatinsk et les steppes de la Dzoungarie sur le Turkestan et Bokhara. Il faut quatre-vingts jours pour franchir cette distance. Semipalatinsk, ainsi que nous le verrons plus bas, est aussi devenu un entrepôt des marchandises russes exportées pour la Chine, qui se rencontrent dans la Dzoungarie avec les produits envoyés de Bokhara par Khokand, Kaschgar et Yarkend.

En revenant au centre de la Russie d'Europe, nous trouvons la communication entre Moscou et Tobolsk ou Tjumen, c'est-à-dire une partie du trajet entre la Russie et le Céleste-Empire. Il y a deux routes de caravanes qui se dirigent de la Sibérie par le désert de Gobi vers

la Chine : la première part directement de Kiakhta pour se diriger sur
Pékin ; la seconde décrit un arc vers le nord, et arrive également à
Pékin après avoir traversé le fleuve Noir. Antérieurement à 1727,
toute la frontière chinoise était ouverte aux trafiquants russes ; mais,
depuis cette époque, le nombre des comptoirs fut réduit à deux :
Kiakhta au sud du lac Baïkalet Zuruchaitu au sud de Nertschinsk. Le
dernier de ces comptoirs paraît cependant destiné à être abandonné,
et la route de Kiakhta, au sud du Baïkal, réunit à elle seule presque
toutes les caravanes. Elle est aussi devenue un moyen de colonisation,
et elle a été vivifiée sur son long parcours par l'établissement de plusieurs villes. Quoique le traité de 1727 ait singulièrement limité les
avantages du commerce moscovite en Chine, le cabinet russe a néanmoins su maintenir des relations avec le Céleste-Empire, et il a prati-
qué à son égard une politique de concessions que le souverain de la
Chine se rappelle aujourd'hui avec une certaine gratitude. Ainsi, lorsque la Chine s'opposa à l'introduction de l'opium, l'empereur Nicolas
rendit un ukase pour recommander aux autorités des frontières de ne
pas laisser pénétrer d'opium en Chine. Même avant cette défense, l'empereur Nicolas avait déjà secondé les vues de ses voisins ; car, lorsqu'on
confisqua, en 1839, à des négociants russes un convoi d'opium, le
cabinet russe, loin de faire des réclamations, approuva purement et
simplement la saisie. En un mot, la Russie a su se concilier les sym-
pathies du gouvernement chinois. Le traité de 1727 n'admettait les
caravanes russes que de trois ans en trois ans. Cette stipulation n'est
plus observée aujourd'hui, et, par une tolérance fort avantageuse à la
Russie, les communications sont devenues régulières. D'un autre côté,
la Russie s'est frayé une voie nouvelle de la Sibérie en Chine : elle
part des sources de l'Irtisch et se dirige sur Barkol, cité chinoise considérable, habitée par des marchands boukhares, mandchoux et mon-
gols. Cette route, qui est dans le voisinage de plusieurs places importantes de la Sibérie occidentale, pourra réduire le mouvement de celle
de Kiakhta. Dans la même province chinoise de Kan—sou, où est situé
Barkol, on trouve à 450 kilomètres à l'ouest Urum-tsi, autre ville importante et très-industrieuse. Elle est en relations avec Tschugutschak
qu'on atteint, aux époques de la foire, en douze journées. Les stations
russes, pour les relations avec cette partie nord-est de l'empire chinois,
sont : Semipalatinsk, Ust-Kamenogorsk et Buchtarminsk, situés sur
l'Irtisch.

De Semipalatinsk, les caravanes se dirigent sur Kaschgar dans la
haute Tartarie, sur Taschkend dans le Khanat de Khokand, sur
Guldscha dans le district militaire d'Ili, dans la Dzoungarie chinoise,
et enfin sur Tschugutschak dans le district militaire de Tarbagatai. La
place de Semipalatinsk est fréquentée par les Russes, les Tartares, les
habitants de l'Asie centrale, et par ceux de Taschkend. Ces derniers
sont les intermédiaires actifs du commerce avec Kaschgar , Khokand,

la Chine et le Cachemire. Ils visitent les foires de la Russie, sont exemptés de tous les impôts, et assimilés aux négociants de la première et de la seconde classe. Dans ces régions, les transports se font principalement sur des traîneaux et à dos de chameau.

La place forte russe de Buchtarminsk est admirablement située pour les relations directes entre la Sibérie occidentale et la partie nord de la province de Kan-sou. Cette place, érigée en entrepôt de marchandises, est plus à portée des négociants russes que Kiakhta; elle abrége le trajet de plus de 2,000 kilomètres. Elle dispense ensuite de la traversée du Baïkal, périlleuse dans toutes les saisons, et permet enfin d'utiliser la navigation de l'Irtisch jusqu'au pied de l'Oural. Les frais actuels des transports pour les marchandises chinoises depuis Kiakhta jusqu'à Tjumend au sud-ouest de Tobolsk, s'élèvent à 70 francs par 100 kilogrammes. De Kiakhta à Pékin, la dépense est d'environ 50 francs par 100 kilogrammes, par conséquent, eu égard à la distance, plus élevée encore que de Kiakhta à Tjumend.

Le commerce entre la Sibérie et la Chine est, comme nous l'avons dit plus haut, entre les mains des marchands de la Boukharie, de Taschkend et du Turkestan. Ils sont connus sous le nom de *Tadjiks* ou *Sartis;* leurs familles sont fixées, depuis un grand nombre de générations, dans les principales villes de la Sibérie, de la Boukharie et du Caboul. La même caste de marchands est également répandue dans plusieurs villes de l'Asie centrale et de la frontière nord de la Chine, où elle s'est acquis une grande considération, tant par ses richesses que par sa loyauté. Les chefs des Kirghiz, avec leurs bandes et leurs troupeaux, sont les conducteurs des caravanes, les protecteurs des voyageurs. Ils louent au commerce les bêtes de somme pour les transports des marchandises à travers leurs steppes immenses. La distance entre Moscou et Kiakhta est 6,500 kilomètres, et les dépenses sont de 90 francs par 100 kilogrammes. Les marchandises partent en février de Moscou pour Tjumend, où l'on attend le dégel des rivières; quand elles sont libres, on descend à Tomsk, de là on passe à Irkoutsk; et d'Irkoutsk à Kiakhta, soit par eau, soit par terre, suivant les circonstances. Quoique la navigation entre Saint-Pétersbourg et la Chine sur le Volga, la Kama, et sur différentes autres rivières, offre quelques ressources, on n'y a recours qu'à défaut du traîneau, moyen habituel de transport. Les marchandises qui viennent de Nijni-Novogorod vont directement par terre à Kiakhta; elles font une partie du voyage sur le Volga et la Kama. De Kiakhta, les marchandises partent en février et en mars pour Nijni-Novogorod, soit par terre, soit depuis Tomsk sur le Tom, l'Obi, l'Irtisch, la Tura, la Tumenka, jusqu'à Tjumend, où l'on prend de nouveau la voie de terre jusqu'à Perm.

Mais la Russie poursuit ses communications avec la Chine encore sur un autre point, et depuis longtemps elle a jeté, dans ce but, les yeux sur l'Amour, un des plus beaux fleuves du globe, mais dont les eaux vont se confondre avec celles de la mer du Japon, sans amener à celle-ci un seul navire. Un des affluents de l'Amour prend sa source aux environs de Kiakhta, et il ne serait dès lors pas impossible d'établir une navigation régulière jusque dans les eaux chinoises. Le moment pour réaliser ce projet est singulièrement favorable, car depuis que la Chine a été forcée de céder aux violences de l'Angleterre, sa politique à l'égard de la Russie est infiniment moins ombrageuse, et l'empereur Nicolas obtiendra certainement des avantages commerciaux qu'on cherche à enlever par tous les moyens à la Grande-Bretagne. L'Amour est le seul fleuve de la Sibérie qui se dirige de l'ouest à l'est vers une mer *ouverte*. Dès la fin du dix-septième siècle, le chef des Cosaques, Chabarow, visita les rives de l'Amour et y fonda plusieurs établissements militaires. La jalousie chinoise arrêta cette entreprise téméraire, et une flottille de cent voiles remonta le fleuve, et imposa à la Russie la convention de 1689. Dans le courant du siècle passé, plusieurs traités furent conclus entre les deux gouvernements; mais la libre navigation sur l'Amour ne fut jamais concédée à la Russie qu'à 175 kilomètres en aval de Nertschinsk. La Russie ménage avec un soin extrême les susceptibilités de la Chine, et lorsque Krusenstern visita la mer d'Okhotsk, il jeta l'ancre sur un point de Tchoka, éloigné de près de 40 kilomètres de l'embouchure de l'Amour. La violence du courant est telle à l'embouchure, que les navires de Krusenstern étaient baignés par l'eau douce. L'amiral avait les ordres les plus formels de ne se livrer à aucune entreprise, à aucun acte qui pût déplaire aux Chinois ou les indisposer contre la Russie. Comme le goût pour les pelleteries devient toujours plus vif dans les provinces septentrionales de la Chine, et qu'elles sont presque devenues un besoin pour les populations de cette contrée, il se pourrait bien que cette circonstance contribuât à tempérer la rigueur de la défense faite aux bateaux russes de naviguer sur l'Amour, entre le point déterminé par les traités et l'embouchure du fleuve. Les tentatives de la Russie sont connues à Londres, dans leur ensemble du moins, et, dès 1838, Alexandre Johnston affirma, dans une des séances de la Société asiatique, que les négociations relatives à la navigation de l'Amour se poursuivaient avec beaucoup d'activité par le cabinet de Saint-Pétersbourg.

Les projets de la Russie sont loin d'éveiller les susceptibilités des Chinois au même degré que celles de la Grande-Bretagne. Il existe d'abord entre les deux pays des rapports que le voisinage rend indispensables, et il est impossible de fermer aux Russes cette immense frontière qui s'étend depuis la limite du Turkestan jusqu'à la mer d'Okhotsk. Ils entretiennent, outre les relations commerciales, des rapports pour l'extradition des déserteurs et des malfaiteurs, et il y a pour cet objet des communications assez fréquentes entre les deux gouvernements.

Le traité de 1727, dont nous avons déjà parlé, accorde des avantages considérables aux Russes dans l'empire chinois, eu égard aux
prohibitions dont les autres nations se trouvent frappées. D'après l'article 5 de ce traité, les Russes ont à Pékin une maison spéciale avec
une chapelle desservie par quatre prêtres. Ils ont le droit aussi de
faire élever dans l'empire quatre jeunes gens qui sont rappelés toutes
les fois qu'ils ont acquis les connaissances nécessaires pour pouvoir servir d'intermédiaires entre les deux pays. Par l'article 6 des correspondances régulières sont établies entre les autorités chinoises et russes
pour favoriser les transactions commerciales à l'époque du passage
des caravanes. Ce traité de 1727 a été renouvelé par la convention de
1768, et par des stipulations d'une date beaucoup plus récente.

La Russie tire principalement des thés de la Chine. Elle donne, en
retour de cette denrée, des pelleteries, des draps, des étoffes de laine
et de coton. Ces échanges représentent une valeur annuelle de 16 à
18 millions de francs. Avant l'aggravation des tarifs russes, en 1823,
les Russes envoyaient aux Chinois des draps qu'ils tiraient de l'étranger; mais depuis cette époque les produits russes se sont substitués
aux draps étrangers, et les importations d'étoffes de laine en Chine se
sont élevées, en 1842, à plus de 1,200,000 mètres. En 1823, la totalité des draps expédiés en Chine par la Russie sortait des fabriques
prussiennes. Celles-ci ont aujourd'hui entièrement perdu ce débouché,
et la Russie a, depuis vingt ans, triplé ses exportations pour la Chine.
Ses draps sont cependant d'assez médiocre qualité, et jusqu'ici ils
n'ont trouvé d'autre débouché que l'Orient; la Perse en prend une
certaine quantité.

Le commerce de la Russie avec le pays que nous venons de citer se
développe aussi, depuis 1835, d'une manière satisfaisante. Ces
relations sont principalement entretenues par les ports de la mer Caspienne, parmi lesquels Astracan et Bakou jouent le premier rôle.
Les marchandises descendent le Volga de Nijni-Novogorod jusqu'à Astracan; là, elles sont expédiées par Tiflis dans la Tauride et pour la
province persane de Guilan. Ce sont des toiles de coton et de lin, des
fers, des cuivres, de la faïence, de la porcelaine et des cristaux. La
Russie est pour ainsi dire en possession exclusive du marché persan
pour les produits manufacturés. Elle ne rencontre point dans ce pays,
comme en Turquie, la concurrence anglaise; la Perse n'a pas non
plus de lignes douanières; en sorte que, sous ce rapport, les relations
commerciales n'éprouvent aucune entrave. Les Russes tirent de la
Perse principalement des soieries et des pierres précieuses.

La Russie entretient également, et indépendamment de ses relations avec la Chine, un commerce très-actif sur toute la frontière depuis la mer Caspienne jusqu'à Bokhara. Les principaux entrepôts pour
ce trafic sont les villes d'Orenbourg, de Troizk, de Petropawlowsk et
Semipalatinsk, que nous avons déjà citées plus haut, en indiquant les

routes commerciales qui unissent l'empire aux contrées asiatiques étrangères. De même qu'Astracan est le centre du commerce avec la Perse, de même Orenbourg est un des foyers des relations commerciales de la Russie avec l'Asie centrale. C'est de là qu'on expédie les produits manufacturés pour les diverses parties du Turkestan. Le Thibet même prend une part indirecte à ce commerce, et des caravanes de 500 et de 1,000 chameaux viennent de la Boukharie sur les marchés d'O-renbourg et de Nijni–Novogorod. En 1842, plus de 13,000 chameaux chargés de marchandises ont fait ce trajet. Ces marchandises se composaient de laine et de cotons bruts, de peaux de moutons et de riches vêtements. On estime que les échanges qui se font sur la ligne doua-nière entre Orenbourg et la Sibérie s'élèvent, importations et ex-portations réunies, à une valeur de plus de 20 millions de francs. C'est une moyenne qui appartient aux années 1840, 41 et 42. Les frais de transport dans ces régions sont à très–bas prix. Ce sont tou-jours les Kirghiz qui se chargent de ces expéditions, et le trajet par chameau ne coûte pas plus de 40 francs entre Orenbourg et Khiva ou Bokhara.

L'Angleterre, l'Autriche et la Russie se disputent aujourd'hui le commerce de la mer Noire; mais la dernière de ces puissances, et par les ports qu'elle possède sur cette mer intérieure, et par le régime établi par le traité du 13 juillet 1841, a des avantages incontestables sur les deux autres États. Aussi la région a–t–elle singulièrement prospéré depuis la paix, et chaque jour les ports de la mer Noire et de la mer d'Azow prennent un nouveau développement. Taganrog, Rostow, Nak-hitschewan, Marioupol, Odessa, Kherson, Ismaïl, Ackerman, Téodosia, Kertsch, Jalta et Eupatoria sont les points les plus fréquentés par la marine, et ils servent d'entrepôts pour les expéditions et les provenan-ces de l'intérieur. Taganrog, Rostow et Nakhitschewan reçoivent toutes les marchandises qui descendent le Don, et Rostow est l'entrepôt pour l'approvisionnement des forteresses et de l'armée du Caucase, de même que pour les sels de la Crimée. Les produits bruts que donne le Caucase arrivent aussi dans le port de Rostow pour se distribuer de là par Woronesch dans différentes parties de la Russie.

Mais arrivons au port d'Odessa, sans contredit le plus important de la mer Noire. Cette ville n'existait point il y a cinquante ans, et au-jourd'hui elle compte plus de 60,000 habitants. Le port est plus par-ticulièrement fréquenté par les navires russes, autrichiens et sardes. Il a reçu, en 1844, 972 bâtiments jaugeant ensemble 275,000 ton-neaux. Les sorties sont représentées par 903 navires jaugeant 257,000 tonneaux. La plus grande partie de ce mouvement a été effectuée par la marine russe; les navires de l'Autriche y figurent pour un quart seulement, et les navires sardes pour une proportion plus faible encore. Si l'on prend l'ensemble des ports de la Russie méridionale, on trouve qu'ils ont reçu, en 1844, 1,900 navires qui ont *exporté* pour 90 millions de marchandises. Ce résultat est supérieur à celui de toutes les années antérieures, et il constate d'une manière éclatante les progrès du commerce russe dans cette région. Odessa est l'entrepôt des grains qui viennent des gouvernements de la Podolie et de Kiew, et qui s'exportent principalement pour Trieste, Livourne, Gênes et Marseille. Ces exportations s'élèvent, en moyenne annuelle, à près de 600,000 quintaux métriques de céréales. Les suifs exportés de ce même point sont évalués à 100,000 quintaux métriques, et la totalité de ce produit exporté de la Russie, dans la période qui vient de s'écouler, est de près de 900,000 quintaux métriques. Les cinq sixièmes de cette masse sont achetés par l'Angleterre. Les ports de la mer Noire exportent encore des quantités considérables de fer, de cuivre, de laine, de cire et quelques salaisons. Ces indications fort incomplètes suffisent pour donner une idée du mouvement progressif qui s'opère sur la mer Noire. La plupart des ports de cette mer sont encore embarrassés du régime des quarantaines. Les réformes qu'on introduira certainement dans ce régime donneront une nouvelle impulsion aux échanges, et favoriseront davantage les arrivages des navires étrangers.

Les ports les plus importants du Nord sont Saint-Pétersbourg, Riga, Reval et Archangel. Les exportations de Saint-Pétersbourg consistent aussi principalement en matières brutes, céréales, chanvre, lin, suif, fer, cuivre, caviar, peaux, cire, gomme, ammoniaque, potasse, édredon, poils d'animaux, etc. Les exportations de ce port se sont à peu près doublées de 1837 à 1842. Riga a suivi un progrès presque égal. Les retours qu'ils reçoivent consistent en coton brut, en denrées coloniales, matériaux à bâtir, spiritueux, produits chimiques, fruits du Midi, et un petit nombre de produits manufacturés qui ne sont pas frappés de prohibition. L'Angleterre est le pays d'Europe avec lequel la Russie a les relations commerciales les plus actives. Viennent ensuite la France, l'Autriche, la Prusse, la Suède, la Turquie, la Grèce, les villes anséatiques, etc. Le traité de commerce et de navigation conclu en 1843 entre la Grande-Bretagne et la Russie renouvelle les anciennes stipulations relativement aux avantages réciproques des navires des deux pays. La Russie, comme on sait, a été exceptée, dès la fin du siècle dernier, de certaines clauses de l'acte de navigation, et depuis cette époque elle n'a presque point cessé de jouir de ces avantages. Il y a, au reste, des affinités commerciales bien prononcées entre les deux pays. L'Angleterre reçoit de la Russie les matières nécessaires à l'industrie, et la Russie tire de la Grande-Bretagne la plupart des articles manufacturés que ses tarifs n'excluent pas. La marine anglaise est ensuite en possession d'une grande partie des transports qui s'effectuent entre les deux pays; elle conserve soigneusement cet avantage, et l'on sait qu'elle attache au moins autant d'importance à son industrie des transports qu'à la vente de ses produits manufacturés.

Le commerce de la Russie, dont nous ne donnons ici qu'une idée très-incomplète, possède un assez grand nombre d'entreprises et d'institutions privées destinées à favoriser certaines branches spéciales du négoce. La société russo-américaine fondée en 1799, particulièrement pour le commerce des pelleteries, existe toujours, et son privilége a été renouvelé en 1842 pour une période de vingt ans. Ses opérations sont fort considérables et donnent en général d'assez beaux bénéfices. La société de navigation et de commerce entre la mer Noire et l'Orient s'est formée en 1839. La compagnie pour la pêche du hareng sur la mer Blanche existe depuis 1803. Récemment une réunion de marchands a fondé le dépôt commercial transcaucasien. La compagnie russe de Kertsch pour la salaison des viandes et des poissons, la société provinciale de crédit de la Pologne, la société russe pour la filature du coton, cinq ou six sociétés pour l'amélioration et le commerce des laines, appartiennent pour leur formation également à une époque peu éloignée. Parmi ces diverses sociétés, la compagnie pour la navigation et le commerce sur la mer Noire est peut-être la plus importante. Elle a été fondée, en 1839, au capital de 12 millions pour une durée de vingt-cinq ans. Son comptoir principal est à Odessa. Le gouvernement lui a concédé le droit de pêche sur la mer Noire et dans la mer d'Azow, et elle exporte ses poissons et ses viandes salées en franchise. On lui paye même le drawback pour les sels achetés hors du pays et employés aux salaisons, qui sont ensuite exportées. La compagnie a de plus le privilége de faire le commerce de transit avec les thés de la Chine, en se soumettant toutefois aux règles imposées au négoce de Kiakhta.

Saint-Pétersbourg est le point de départ et d'arrivée d'un grand nombre de bateaux à vapeur qui font, soit directement, soit indirectement, le service de Cronstadt, de Reval, de Stockholm, de Copenhague, du Havre, etc. Il y a aussi des services de bateaux à vapeur sur le lac Ladoga, le Volga, le Donetz, la Vistule, entre Odessa et Constantinople, sur le lac Baïkal, sur l'Obi, le Tobol, l'Irtisch, le Jéniséi et la Léna. Les transports par terre commencent également à s'organiser dans de bonnes conditions, et plusieurs chemins de fer en cours d'exécution, celui de Saint-Pétersbourg à Moscou entre autres, rendront sous peu de nouveaux services au commerce.

Moscou est le centre manufacturier par excellence de la Russie; c'est la ville qui, avec la province du même nom, contient les manufactures les plus considérables de l'empire. On compte dans le gouvernement de Moscou plus de 1,000 fabriques de tout genre qui emploient 100,000 ouvriers, et qui produisent pour environ 200 millions de francs de marchandises par an. Toute la fabrication des soieries est concentrée dans ce gouvernement, où il y a environ 140 manufactures pour ce genre d'étoffes. Les industries qui, après les soieries, ont le plus d'importance, sont les filatures et les tissages de coton, les toiles peintes, les étoffes de laine, les toiles de chanvre et de lin, les cuirs, les pâtes céramiques, les produits chimiques, etc. L'industrie cotonnière emploie 50,000 ouvriers, l'industrie des draps plus de 20,000. La plus grande partie des produits de Moscou sont destinés à la consommation du pays. Cette ancienne capitale de l'empire est aussi le pivot du commerce intérieur; elle n'a directement aucune relation avec les pays étrangers. Les producteurs de Moscou se servent pour leurs exportations des négociants et des commissionnaires de Pétersbourg, de Nijni-Novogorod et d'Irbit, qui se chargent des expéditions pour les marchés de l'Ukraine et de Kiakhta.

Nous avons déjà dit que le système douanier de la Russie était fort rigoureux. Nous citerons, parmi les articles complétement prohibés, les bronzes, la carrosserie, les porcelaines, les chapeaux d'homme de toute sorte, les vêtements confectionnés, les armes blanches, plusieurs articles de grosse quincaillerie et de tréfilerie, les stores, les rideaux, le linge confectionné, les tissus de laine imprimés, etc. Toutefois, par un ukase récent, le gouvernement russe a supprimé plusieurs de ces prohibitions, entre autres celles qui concernent certains articles de l'industrie parisienne, tels que les bronzes, les marbres, la mercerie, etc. Parmi les objets qui sont frappés de droits très-élevés, il faut ranger les soieries de toute espèce, les tissus de laine, de coton, de chanvre et de lin, et en général tous les articles manufacturés qui se fabriquent dans le gouvernement de Moscou et dans les autres provinces de l'empire. Le tarif de l'empire n'est, du reste, pas uniforme pour toute la frontière russe. La Finlande et la Pologne ont un régime douanier particulier. Il en est de même pour les provinces transcaucasiennes. Un ukase du 28 novembre 1841 règle les tarifs pour les échanges avec Kiakhta. Enfin un tarif général a été adopté le 1ᵉʳ janvier 1842 pour les ports et bureaux frontières de l'Europe. En décrétant ces différents tarifs, on a surtout cherché à établir une certaine égalité entre tous les industriels de l'empire en les protégeant tous dans la même mesure et selon le degré d'avancement de leur fabrication contre la concurrence étrangère, et pour favoriser ensuite les transactions commerciales avec les peuples étrangers de l'Asie. Le tarif de la Pologne diffère sensiblement de celui de la Russie. Cependant il est également basé sur ce principe qu'il faut imposer les denrées coloniales dans l'intérêt du fisc, faciliter l'entrée des matières nécessaires à l'industrie, et repousser les produits manufacturés en vue de protéger les fabriques indigènes. Mêmes observations pour le tarif de la Finlande. La difficulté de garder la frontière russe et l'élévation des droits donnent du reste lieu à une contrebande assez active qui se faisait, jusque dans ces derniers temps, le plus ordinairement par les juifs. Pour paralyser les fraudes, le gouvernement a écarté les juifs des frontières, et les a obligés de se transporter à l'intérieur sur certains points déterminés d'avance. Cette mesure, fort rigoureuse en elle-même, a été diversement interprétée; mais nous croyons qu'au fond elle n'avait d'autre but que de mettre un terme à l'activité de la contrebande.

Aucun pays ne présente dans son mouvement commercial des phénomènes aussi variés que la Russie. La vaste étendue de son territoire, la variété de ses populations et de ses produits, l'immense développement de ses frontières, tout, en un mot, contribue à imprimer à son commerce des caractères particuliers. Ses relations avec l'Asie surtout ont quelque chose d'aventureux et de pittoresque qui les rapproche des transactions primitives. Là c'est un commerce avec des nations moitié barbares, un commerce rempli de dangers et de chances périlleuses et que les Russes seuls peuvent faire, parce qu'ils sont familiarisés avec les mœurs et les habitudes du pays, que leur nom est plus connu et plus respecté que celui des autres nations, que leurs produits sont appropriés aux besoins des marchés qu'ils fréquentent, et qu'enfin ils sont plus à proximité de ces marchés que les autres négociants de l'Europe. L'avenir du commerce russe est, au surplus, dans ces régions. De longtemps encore l'empire ne fournira à l'Europe que des matières brutes, tandis que les produits de ses manufactures naissantes trouvent un facile débouché dans l'Asie centrale. C'est dans ces régions presque inexplorées que viendront se heurter peut-être un jour les prétentions rivales de la Russie et de l'Angleterre. Car la Grande-Bretagne aussi cherche à pénétrer dans l'Asie centrale dans l'intérêt de son commerce, de son industrie et de sa domination dans l'Inde. Cependant les moyens d'envahissement des deux puissances sont loin d'être les mêmes : l'Angleterre, habituée à procéder par la force, veut installer ses comptoirs commerciaux à la suite de ses armées; la Russie, au contraire, cherche à se concilier les populations de l'Asie les plus voisines de l'empire par une politique souple et adroite. C'est ainsi qu'elle établit peu à peu l'autorité de son nom dans tout le Turkestan et en Chine. Loin d'avoir recours à la force, elle met en usage tous les moyens de séduction et ménage avec un soin singulier ses voisins sur sa frontière du sud-est. Ce système pourrait bien triompher à la longue de celui de l'Angleterre, et les succès obtenus jusqu'à présent par le cabinet de Saint-Pétersbourg indiquent assez qu'on a choisi la vraie politique à l'égard des souverains et des populations de l'Asie centrale.

THÉODORE FIX.

(Extrait du JOURNAL DES ÉCONOMISTES. — N° 44, juillet 1845.)